새 친구를 위한

복음의 핵심

토기장이

토기장이 바이블 스터디 틴 시리즈는
한국교회의 청소년들이 영적으로 각성되고
말씀 위에 세워지기를 소망하며
토기장이에서 만든 청소년 성경공부 교재입니다.

특별한 표기가 없는 모든 성경 구절은 개역개정성경을 인용한 것입니다.

Contents

복음의 핵심

토기장이 바이블 스터디 틴 시리즈, 이렇게 사용하면 백점 만점!

「토기장이 바이블 스터디 틴 시리즈」는 한 가지 주제 아래 통일성 있는 예배 진행을 위한 교재로서 '찬양-설교-2부 순서-성경공부'까지 물 흐르듯 연결되어 예배의 집중도를 높이고, 짧은 성경공부 시간을 최대한 활용할 수 있도록 구성된 교재입니다.

마음을 열어봐!

성경공부를 시작하기 전, 간단하지만 톡톡 튀는 아이디어들이 가득한 짧은 활동을 통해 성경공부에 대한 기대감과 흥미를 갖게 해줍니다.

성경을 열어봐!

말씀을 배우고 깊이 묵상하는 활동입니다. 설교말씀과 함께 이어지는 본문 말씀을 읽고 문제를 풀어보세요. 성령님의 도우심을 따라 말씀을 '내 것'으로 만들어 보세요.

세상을 열어봐!

배운 말씀을 삶속에 구체적으로 적용하도록 돕는 활동입니다. 이 활동을 통해 매일매일 말씀으로 살아가는 기쁨과 능력을 경험하세요. 여러분이 세상 가운데 하나님의 은혜를 흘려보내는 축복의 통로가 되기를 기대하며 기도합니다.

Toggijangi Bible Study teen Series

복음의 핵심

01 창조, 하나님이 하신 일 • 02 죄, 하나님을 슬프게 하는 일 • 03 예수님, 우리를 위한 선물 •
04 거듭남, 변화된 삶을 향해 • 05 성령, 도우시는 하나님 •
06 성경, 살아있는 생명의 말씀 • 07 교회, 예수님의 몸 • 08 예배, 하나님을 기쁘시게

01 창조, 하나님이 하신 일

성경본문 창세기 1장
중심구절 창세기 1:1

Made by God

모든 물건은 그 목적대로 누군가에 의해 만들어졌습니다. 그렇다면 '나'는 누가, 무엇을 위해 만들었을까요? 다음의 빈칸을 자신의 내용으로 적어보세요.

천지의 창조주

날짜	지으시다	나누시다
첫째 날		
둘째 날		
셋째 날		땅과 바다
넷째 날		낮과 밤
다섯째 날		-
여섯째 날		-

2. 하나님은 창조하실 때 무엇으로(재료), 어떻게(방법) 만드셨나요?

3. 하나님이 사람을 가장 마지막에 만드신 이유는 무엇일까요? 그리고 하나님은 왜 사람을 '하나님의 형상대로'(in his own image) 지으셨을까요?

창세기 1장

1 태초에 하나님이 천지를 창조하시니라
2 땅이 혼돈하고 공허하며 흑암이 깊음 위에 있
고 하나님의 영은 수면 위에 운행하시니라
3 하나님이 이르시되 빛이 있으라 하시니 빛이
있었고
4 빛이 하나님이 보시기에 좋았더라 하나님이
빛과 어둠을 나누사
5 하나님이 빛을 낮이라 부르시고 어둠을 밤이
라 부르시니라 저녁이 되고 아침이 되니 이는
첫째 날이니라
6 하나님이 이르시되 물 가운데에 궁창이 있어
물과 물로 나뉘라 하시고
7 하나님이 궁창을 만드사 궁창 아래의 물과 궁
창 위의 물로 나뉘게 하시니 그대로 되니라
8 하나님이 궁창을 하늘이라 부르시니라 저녁이
되고 아침이 되니 이는 둘째 날이니라
9 하나님이 이르시되 천하의 물이 한곳으로 모
이고 뭍이 드러나라 하시니 그대로 되니라
10 하나님이 뭍을 땅이라 부르시고 모인 물을 바
다라 부르시니 하나님이 보시기에 좋았더라
11 하나님이 이르시되 땅은 풀과 씨 맺는 채소와
각기 종류대로 씨 가진 열매 맺는 나무를 내
라 하시니 그대로 되어
12 땅이 풀과 각기 종류대로 씨 맺는 채소와 각
기 종류대로 씨 가진 열매 맺는 나무를 내니
하나님이 보시기에 좋았더라
13 이는 셋째 날이니라
14 하나님이 이르시되 하늘의 궁창에 광명체들
이 있어 낮과 밤을 나뉘게 하고 그것들로 징
조와 계절과 날과 해를 이루게 하라
15 또 광명체들이 하늘의 궁창에 있어 땅을 비
추라 하시니 그대로 되니라
16 하나님이 두 큰 광명체를 만드사 큰 광명체
로 낮을 주관하게 하시고 작은 광명체로 밤
을 주관하게 하시며 또 별들을 만드시고
17 하나님이 그것들을 하늘의 궁창에 두어 땅을
비추게 하시며
18 낮과 밤을 주관하게 하시고 빛과 어둠을 나
뉘게 하시니 하나님이 보시기에 좋았더라
19 이는 넷째 날이니라
20 하나님이 이르시되 물들은 생물을 번성하게
하라 땅 위 하늘의 궁창에는 새가 날으라 하
시고
21 하나님이 큰 바다 짐승들과 물에서 번성하여
움직이는 모든 생물을 그 종류대로, 날개 있
는 모든 새를 그 종류대로 창조하시니 하나
님이 보시기에 좋았더라
22 하나님이 그들에게 복을 주시며 이르시되 생
육하고 번성하여 여러 바닷물에 충만하라 새
들도 땅에 번성하라 하시니라
23 이는 다섯째 날이니라
24 하나님이 이르시되 땅은 생물을 그 종류대로
내되 가축과 기는 것과 땅의 짐승을 종류대
로 내라 하시니 그대로 되니라
25 하나님이 땅의 짐승을 그 종류대로, 가축을
그 종류대로, 땅에 기는 모든 것을 그 종류대
로 만드시니 하나님이 보시기에 좋았더라
26 하나님이 이르시되 우리의 형상을 따라 우
리의 모양대로 우리가 사람을 만들고 그들
로 바다의 물고기와 하늘의 새와 가축과 온
땅과 땅에 기는 모든 것을 다스리게 하자 하
시고
27 하나님이 자기 형상 곧 하나님의 형상대로
사람을 창조하시되 남자와 여자를 창조하
시고
28 하나님이 그들에게 복을 주시며 하나님이 그
들에게 이르시되 생육하고 번성하여 땅에 충
만하라, 땅을 정복하라, 바다의 물고기와 하
늘의 새와 땅에 움직이는 모든 생물을 다스
리라 하시니라
29 하나님이 이르시되 내가 온 지면의 씨 맺는
모든 채소와 씨 가진 열매 맺는 모든 나무를
너희에게 주노니 너희의 먹을 거리가 되리라
30 또 땅의 모든 짐승과 하늘의 모든 새와 생명
이 있어 땅에 기는 모든 것에게는 내가 모든
푸른 풀을 먹을 거리로 주노라 하시니 그대
로 되니라
31 하나님이 지으신 그 모든 것을 보시니 보시
기에 심히 좋았더라 저녁이 되고 아침이 되
니 이는 여섯째 날이니라

내가 바보인 줄 아나?

어느 날 천체물리학의 기초자, 요하네스 케플러가 숙련된 기계공에게 각각의 행성이 움직이도록 아주 정교하게 설계된 태양계의 모형을 만들게 했습니다. 무신론자인 케플러의 친구가 그 모형을 보고 여러 가지 기계 장치를 서서히 돌려보았습니다. 그랬더니 모형에 달린 각각의 혹성들이 다양한 속도로 태양 주위를 회전하기 시작했습니다.

친 구 : 이야! 진짜 훌륭한 모형이군. 도대체 이걸 누가 만들었나?
케플러 : (무심하게) 만든 사람 없어.
친 구 : 이봐, 이 모형을 누가 만들었냐니까?
케플러 : 이건 그저 여러 물건들이 모여서 우연히 이런 형태가 된 거야.
친 구 : 내가 바보인 줄 아나?
이렇게 정교하고 훌륭한 모형이 저절로 만들어졌다고!
케플러 : 이보게, 이건 엄청나게 큰 우주계의 아주 작은 모형에 불과하다네. 그런데 이것의 근본이 되는 태양계가 설계자나 제작자 없이 우연히 생겨났다고 믿는 자네에게 내가 뭐라고 설명할 수 있겠나?
친 구 : …….

당신도 놀랍게 창조된 세상 속에서 '하나님의 손길'을 느낄 수 있나요?
또 이런 사실을 창조주 하나님을 믿지 않는 사람들에게 지혜롭게 설명할 수 있나요?

02 죄, 하나님을 슬프게 하는 일

성경본문 창세기 3:1-19,24 ; 로마서 3:23, 5:12
중심구절 로마서 5:12

인터넷에 접속하다

드디어 인터넷이 연결된 오지의 섬 평화도! 오랫동안 외부와 단절되었던 주민들은 요즘 세상에서 일어나고 있는 일들을 인터넷으로 검색하기 시작했습니다. 그러나 대부분의 기사들은 끔찍한 자연재해와 이상 기후 현상, 갖가지 살인과 범죄, 테러와 전쟁, 질병 등 부정적인 것들뿐이었습니다. 평화도 사람들은 이런 일들이 일어난 이유를 알기 위해 당신에게 이메일을 보냈습니다.

평화도 사람들의 질문에 대한 당신의 생각을 써보세요.

01 Eden Daily News

충격 보도! 죄가 세상에 들어오다!

에덴동산 초유의 충격 사건! 먹어서는 안 될 것을 먹은 아담, 책임을 하와에게 떠넘기고 숨었다가 발각

"난 그냥, 하와가 주길래 먹은 것뿐이라고요!"

하나님이 창조하신 에덴동산에 엄청난 일이 발생하였다. 이전에 하나님은 인간들에게 에덴동산의 모든 실과를 허락하시면서 동산 중앙에 있는 선악을 알게 하는 나무의 실과는 먹지 말 것을 명하신 바 있었는데, 그만 최초의 인간인 아담과 하와가 이를 어기고 만 것이다.

믿을 만한 소식통에 의해 사건을 재구성하면 다음과 같다. 하루는 뱀이 하와에게 찾아와 그 말이 진짜냐며 의심을 심어 주었다. 이에 하와는 하나님이 그것을 먹으면 "죽을까 하노라"고 말씀하셨다고 전한다. 그러자 뱀은 펄쩍 뛰면서 너희가 하나님같이 될까 두려워서 그렇게 하신 것이라며 결코 죽지 않으리라 장담했고, 결국 하와는 보암직도 하고 먹음직도 하며, 지혜롭게 할 만큼 탐스러워 보이는 선악과를 먹고 아담에게도 주었다고 한다. 이윽고 아담과 하와는 선악과를 먹고 눈이 밝아져 벗은 줄을 알고 나뭇잎으로 치마를 만들어 입고, 하나님으로부터 숨었다. 그러나 하나님은 이내 아담을 찾아 왜 숨었는지를 물으셨고, 아담은 하와에게, 하와는 뱀에게 책임을 떠넘겼다. 결국 진노하신 하나님은 아담에게 종신토록 수고하는 벌을, 하와에게 해산의 고통을, 뱀에게는 평생 기어다니며 흙을 먹을 것을 명하시고, 아담과 하와를 에덴동산에서 추방하셨다.

에덴일보 • 토리 기자

로마서 5:12 그러므로 한 사람으로 말미암아 죄가 세상에 들어오고 죄로 말미암아 사망이 들어왔나니 이와 같이 모든 사람이 죄를 지었으므로 사망이 모든 사람에게 이르렀느니라
로마서 3:23 모든 사람이 죄를 범하였으매 하나님의 영광에 이르지 못하더니

요한일서 1:8 만일 우리가 죄가 없다고 말하면 스스로 속이고 또 진리가 우리 속에 있지 아니할 것이요

1. 죄란 무엇인가요?

2. 우리는 불순종으로 인해 죄의 영적, 육체적 결과를 얻게 되었습니다. 그것을 '죄의 등식'으로 표현해보면 다음과 같습니다(빈칸을 채워보세요).

죄 → 영적 결과 + 육체적 결과

영적 결과	육체적 결과
□□□ 으로부터 멀어짐	• 질병, 죽음, 땀흘려 □□
• 하나님에 대한 두려움을 가짐	• 다른 사람과의 긴장된 관계 형성
• 하나님을 기쁘게 하는 능력 잃음	• □□ 동산에서의 추방

3. 죄의 연속

아담의 죄는 우리 모두에게 영향을 끼쳤습니다(롬 5:12).
죄가 없는 사람은 없습니다.
'나 정도면 괜찮아'라고 생각하지만,
사실은 도토리 키재기일 뿐
입니다(롬 3:23).

4. 벗어나기

이사야 1:18 여호와께서 말씀하시되 오라 우리가 서로 변론하자 너희의 죄가 주홍 같을지라도 눈과 같이 희어질 것이요 진홍같이 붉을지라도 양털같이 희게 되리라

이사야 55:7 악인은 그의 길을, 불의한 자는 그의 생각을 버리고 여호와께로 돌아오라 그리하면 그가 긍휼히 여기시리라 우리 하나님께로 돌아오라 그가 너그럽게 용서하시리라

우리의 죄를 해결하는 것은 무엇인가요?

용서로 가는 길

죄의 인정 (회개)	내가 할 수 있는 일은?
↓	
십자가 구원을 깨달음 (믿음)	
↓	
죄를 멀리하고 하나님 안에서 살려는 마음 (U-turn)	

03 예수님, 우리를 위한 선물

성경본문 히브리서 9:11-15 ; 골로새서 1:20-22
중심구절 골로새서 1:22

죄와 벌

부모님이나 선생님이 되었다고 가정해보세요. 다음 학생들의 행동에 어떤 벌을 내리겠습니까? 빈칸에 당신의 판결을 써보세요.

- 인터넷에 악성댓글 올리기
- 부모님 지갑에서 몰래 돈 꺼내기
- 시험 볼 때 커닝하기
- 야동 즐겨보기
- 힘 없는 친구 왕따 시키기

화목제물이 되신 예수님

히브리서 9:11-15

11 그리스도께서는 장래 좋은 일의 대제사장으로 오사 손으로 짓지 아니한 것
곧 이 창조에 속하지 아니한 더 크고 온전한 장막으로 말미암아
12 염소와 송아지의 피로 하지 아니하고 오직 자기의 피로 영원한 속죄를 이
루사 단번에 성소에 들어가셨느니라
13 염소와 황소의 피와 및 암송아지의 재를 부정한 자에게 뿌려 그 육체를 정
결하게 하여 거룩하게 하거든
14 하물며 영원하신 성령으로 말미암아 흠 없는 자기를 하나님께 드린 그리스
도의 피가 어찌 너희 양심을 죽은 행실에서 깨끗하게 하고 살아 계신 하나
님을 섬기게 하지 못하겠느냐

1. 말씀을 읽고 다음 빈칸을 채우세요.

	구 약	신 약
제사 드리는 사람	대 제 사 장	☐☐☐☐
제 물	곡 식 이나 동 물 의 피	☐☐☐☐
제사의 결과	매 번 다시 드림	☐☐☐ 해결

15 이로 말미암아 그는 새 언약의 중보자시니 이는 첫 언약 때에 범한 죄에서 속
량하려고 죽으사 부르심을 입은 자로 하여금 영원한 기업의 약속을 얻게 하려
하심이라

골로새서 1:20-22

20 그의 십자가의 피로 화평을 이루사 만물 곧 땅에 있는 것들이나 하늘에 있는
것들이 그로 말미암아 자기와 화목하게 되기를 기뻐하심이라
21 전에 악한 행실로 멀리 떠나 마음으로 원수가 되었던 너희를
22 이제는 그의 육체의 죽음으로 말미암아 화목하게 하사 너희를 거룩하고 흠 없
고 책망할 것이 없는 자로 그 앞에 세우고자 하셨으니

2. 예수님께서 우리의 모든 죄를 대신해 대속 제물이 되신 것은 우리에게 2가지 선물을 가져다 주었습니다. 그것은 무엇인가요?(히 9:15)

첫 번째 선물 → ______ 에서 속량

두 번째 선물 → ______ 기업을 얻게 하심

3. 악한 행실로 하나님과 원수 되었던 우리는 그리스도의 십자가의 결과로 어떻게 되었나요?(골 1:22)

원수를 사랑한 목자, 손양원 목사

손양원 목사는 예수 그리스도에 대한 믿음과 소망으로, 죽기까지 하나님께 충성한 순교자요, 원수에게는 사랑을 실천한 하나님의 종이었습니다.

1948년 10월 19일, 당시 제주 폭동 사태 진압을 위해 여수에 집결했던 군인들 중 공산주의 사상에 물든 군인 일부가 반란을 일으켰고, 순천까지 세력을 확장한 반란군은 인민 위원회를 만들어 자기들에게 동조하지 않는 사람이나 단체를 학살하기 시작했습니다.

이 때 순천사범학교와 순천중학교에 다니던 손 목사의 두 아들 동인과 동신은, 평소 뜨거운 신앙으로 학교에서 복음을 전하며 공산주의의 잘못을 폭로

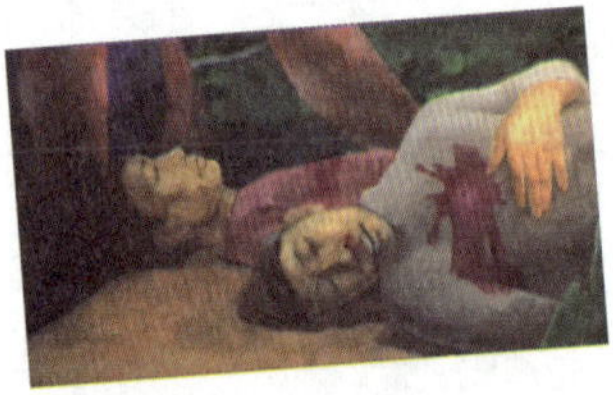

하였던 일 때문에 가장 먼저 색출되어 인민 재판에 회부되었습니다. 서로 대신하여 죽기를 자원하는 두 형제를 잔인한 폭도들은 한꺼번에 총살하고 말았습니다.

반란 진압 후 동인, 동신 형제를 죽인 자들 중 하나인 '안재선'도 체포되어 총살형을 받게 되었고 그 소식을 들은 손 목사는 계엄 사령관을 찾아가 그의 구명을 간절히 요청했습니다.

"나의 죽은 아들들은 결코 자기들 때문에 친구가 죽는 것을 원치 않습니다. 그 애들은 친구의 죄 때문에 이미 죽었습니다. 만일 이 학생을 죽인다면 그것은 동인, 동신 형제의 죽음을 값없이 만드는 것입니다."

이후 손 목사는 석방된 안재선을 거두어 자신의 아들로 삼았습니다. 손재선은 부산의 고려성경고등학교를 졸업하여 전도사가 되었습니다.

손 목사님은 실로 주님이 주신 계명을 말씀 그대로 순종하고 복종하여 실천한 20세기 사랑의 사도요, 성자였습니다.

죄는 오직 생명으로 갚을 수 있는 것입니다. 십자가는 곧 하나님의 지극한 사랑과 공의가 만나는 자리인 것입니다.

04 거듭남, 변화된 삶을 향해

성경본문 사도행전 26:9-29 ; 골로새서 3:1-3,8-10 ; 고린도후서 5:17
중심구절 골로새서 3:10

개과천선, 진짜야?

어떻게 이런 일이 실제로 일어난 것일까요?

이랬던 바울이 이렇게 변했어요!

1. 오른쪽 이야기를 읽고 바울의 이전 모습과 이후 모습을 한마디로 표현해보세요.

□□□ → □□ □□□

2. 바울이 이렇게 확 바뀌게 된 계기는 무엇이었나요?

예수 그리스도를 만난 후, 바울은 완전히 새사람이 되었습니다. 그리고 그리스도를 만나 새롭게 되고자 하는 모든 사람들에게 이렇게 권면하고 있습니다.

골로새서 3:1-3,8-10 그러므로 너희가 그리스도와 함께 다시 살리심을 받았으면 위의 것을 찾으라 거기는 그리스도께서 하나님 우편에 앉아 계시느니라 위의 것을 생각하고 땅의 것을 생각하지 말라 이는 너희가 죽었고 너희 생명이 그리스도와 함께 하나님 안에 감추어졌음이라 이제는 너희가 이 모든 것을 벗어 버리라 곧 분함과 노여움과 악의와 비방과 너희 입의 부끄러운 말이라 너희가 서로 거짓말을 하지 말라 옛 사람과 그 행위를 벗어 버리고 새 사람을 입었으니 이는 자기를 창조하신 이의 형상을 따라 지식에까지 새롭게 하심을 입은 자니라

고린도후서 5:17 그런즉 누구든지 그리스도 안에 있으면 새로운 피조물이라 이전 것은 지나갔으니 보라 새 것이 되었도다

바울의 대변신

사도행전 26장 9-29절

바울은 예수님이 하나님의 아들,
그리스도라고 증거하다 붙잡혀 재판을 받게 되었습니다.
로마 시민권을 갖고 있었던 바울은 아그립바 왕에게,
자신의 무죄를 주장할 기회를 얻습니다.
바울은 그 자리에서 자신이 만난 예수를 증거합니다.

기독교인들을 잡아들이기 위해 다른 도시의 회당까지 찾아다니던 핍박자 바울은 대제사장의 권한을 위임받아 예수 믿는 사람들을 감옥에 가두고, 죽이는 일에 앞장섰던 유대인이었습니다.

예수님은 바울을 복음 전도자로 부르셨습니다.

그때부터 바울은 예루살렘과 유대 각 지방, 이방인들에게까지 회개하고 하나님께 돌아오라고 복음을 전했고, 이 일로 결박당하게 되었습니다.

이전과 이후

그리스도인이 되기 '전'과 '후'의 생활은 완전히 다릅니다. 당신의 삶에서 가장 변화되어야 할 것 세 가지를 '이전'의 모습에서 골라 써보세요.

이 전

① 이기적인 생각
② 머릿속이 온통 나쁜 생각으로 가득 참
③ 다른 사람의 단점과 결점만 보는 눈
④ 비판하고 불평하고 거짓말하는 입
⑤ 내 것을 꽉 움켜진 손
⑥ 인색한 팔
⑦ 온갖 나쁜 욕망으로 가득 찬 마음
⑧ 어둡고 악한 곳으로 향하는 발

이 후

① 다른 사람을 먼저 생각함
② 말씀묵상을 통해 경건한 생각을 함
③ 사랑과 이해심으로 가득 찬 눈
④ 칭찬과 감사가 끊이지 않는 입
⑤ 나보다 더 연약한 사람을 돕는 손
⑥ 돕는 팔
⑦ 평안을 누리는 행복한 마음
⑧ 예배드리러 교회로 향하는 발

1	2	3

05 성령, 도우시는 하나님

성경본문 창세기 1:2 ; 요한복음 14:16-18,26 ; 사도행전 1:4-5, 16:7 ; 로마서 8:26

중심구절 요한복음 14:16

풀 수 없는 미로

당신은 이 복잡한 미로를 풀 수 있는 열쇠를 가지고 있습니까?

성령님은 누구신가?

창세기 1:2 땅이 혼돈하고 공허하며 흑암이 깊음 위에 있고 하나님의 영은 수면 위에 운행하시니라

요한복음 14:16-18,26

16 내가 아버지께 구하겠으니 그가 또 다른 보혜사를 너희에게 주사 영원토록 너희와 함께 있게 하리니
17 그는 진리의 영이라 세상은 능히 그를 받지 못하나니 이는 그를 보지도 못하고 알지도 못함이라 그러나 너희는 그를 아나니 그는 너희와 함께 거하심이요 또 너희 속에 계시겠음이라
18 내가 너희를 고아와 같이 버려두지 아니하고 너희에게로 오리라
26 보혜사 곧 아버지께서 내 이름으로 보내실 성령 그가 너희에게 모든 것을 가르치고 내가 너희에게 말한 모든 것을 생각나게 하리라

사도행전 1:4-5

4 사도와 함께 모이사 그들에게 분부하여 이르시되 예루살렘을 떠나지 말고 내게서 들은바 아버지께서 약속하신 것을 기다리라
5 요한은 물로 세례를 베풀었으나 너희는 몇 날이 못되어 성령으로 세례를 받으리라 하셨느니라

사도행전 16:7 무시아 앞에 이르러 비두니아로 가고자 애쓰되 예수의 영이 허락하지 아니하시는지라

로마서 8:26 이와 같이 성령도 우리의 연약함을 도우시나니 우리는 마땅히 기도할 바를 알지 못하나 오직 성령이 말할 수 없는 탄식으로 우리를 위하여 친히 간구하시느니라

1. 왜 예수님은 우리에게 성령님을 보내주셨나요?(요 14:16)

2. 성령님은 어떤 분이신가요?

- 성령님은 ______________ 이다(창 1:2).
- 성령님은 ______________ 이다(요 14:16).
- 성령님은 ______________ 이다(요 14:17).
- 성령님은 ______________ 이다(롬 8:26).

3. 인격이신 성령님은 어떤 일을 하시나요?

지성 요 14:26	감성 롬 8:26	의지 행 16:7
↓	↓	↓
____________	____________	____________

오해하지 말자

여러분은 성령님에 대해 잘 알고 있나요? 그분에 대해 잘못 알아왔던 것이 있다면 이야기해보고, 성경이 말하고 있는 성령 하나님이 어떤 분이신지 나눠봅시다.

06 성경, 살아있는 생명의 말씀

성경본문 베드로후서 1:20-21 ; 디모데후서 3:16-17 ; 히브리서 4:12
중심구절 디모데후서 3:16

블랙박스의 정체를 밝혀라!

하늘로부터 당신에게 주어진 블랙박스! 이것은 바로 성경입니다.
성경은 66권의 작은 책들을 하나로 엮은 것입니다. 무려 1,600여 년에 걸쳐
40여 명의 저자들이 썼습니다. 다양한 이야기를 담고 있지만,
한 가지 일관된 주제를 가지고 있습니다.
그 주제는 바로 우리의 구원자로 오신 '예수 그리스도'입니다.

쉿! 비밀이야

베드로후서 1:20-21

20 먼저 알 것은 성경의 모든 예언은 사사로이 풀 것이 아니니
21 예언은 언제든지 사람의 뜻으로 낸 것이 아니요 오직 성령의 감동하심을 받은 사람들이 하나님께 받아 말한 것임이라

디모데후서 3:16-17

16 모든 성경은 하나님의 감동으로 된 것으로 교훈과 책망과 바르게 함과 의로 교육하기에 유익하니
17 이는 하나님의 사람으로 온전하게 하며 모든 선한 일을 행할 능력을 갖추게 하려 함이라

히브리서 4:12 하나님의 말씀은 살아 있고 활력이 있어 좌우에 날선 어떤 검보다
도 예리하여 혼과 영과 및 관절과 골수를 찔러 쪼개기까지 하며 또 마음의 생각과
뜻을 판단하나니

1. 성경을 실제로 쓴 저자는 누구인가요?(벧후 1:21 ; 딤후 3:16)

2. 하나님이 성경을 통해 이루시려는 목적은 무엇인가요?(딤후 3:17)

3. 성경을 통해 우리가 여전히 교훈과 깨달음을 얻는 이유는 무엇인가요?(히 4:12)

성경, 넌 누구?

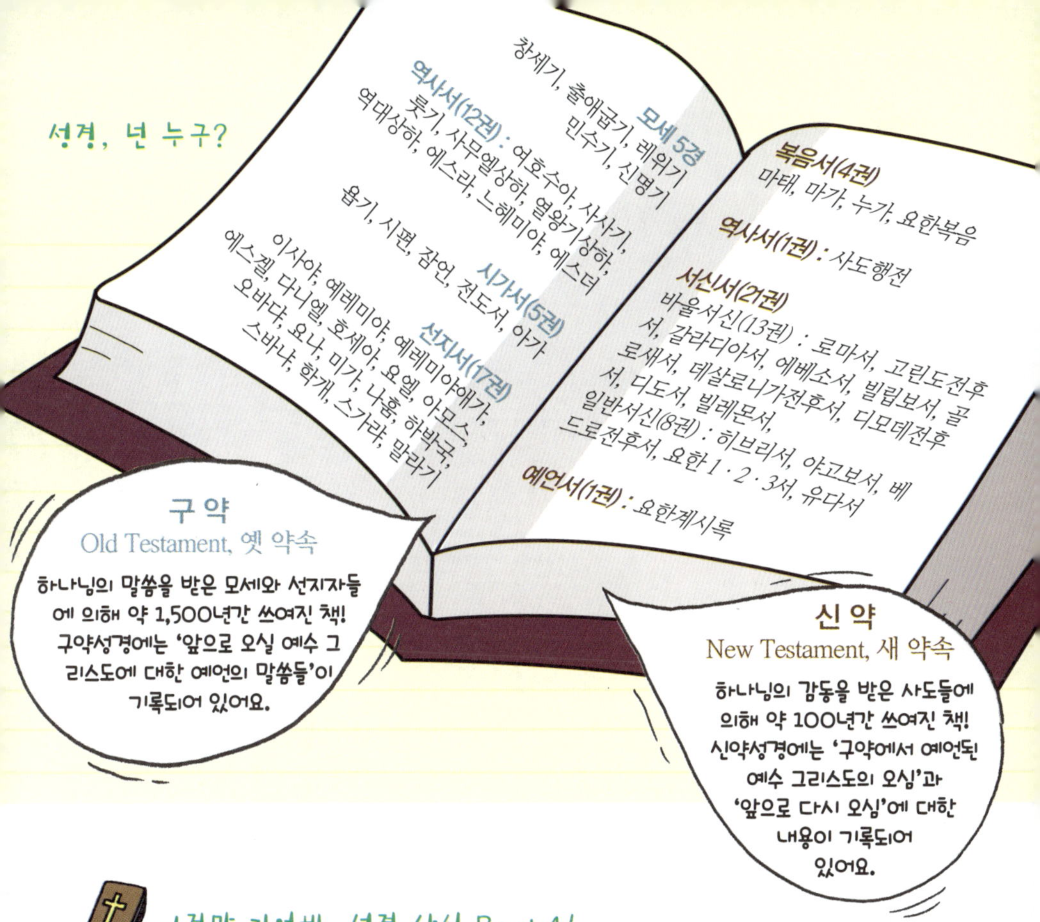

이것만 기억해, 성경 상식 Best 4!

1. 성경은 약   년 동안 기록되었다.

2. 성경은 다양한 직업을 가진 40여 명의 사람들이 기록하였다.
   - 마태 : 세금징수원 • 다윗 : 왕 • 누가 : 의사 • 아모스 : 목자 • 바울 : 바리새파 학자, 천막기술자

3. 기록장소는   지역(구약)과

              지역(신약)이다.

4. 구약은 히브리어, 신약은 헬라어로 기록되었다.

성경 찾기, 쉽다 쉬워!

혹시 성경을 잘 못 찾아서 난처했던 적이 있었나요? 사실 처음 성경을 찾는 것은 모두에게 어려운 일입니다. 자, 쉽게 성경을 찾는 법을 배워봅시다.

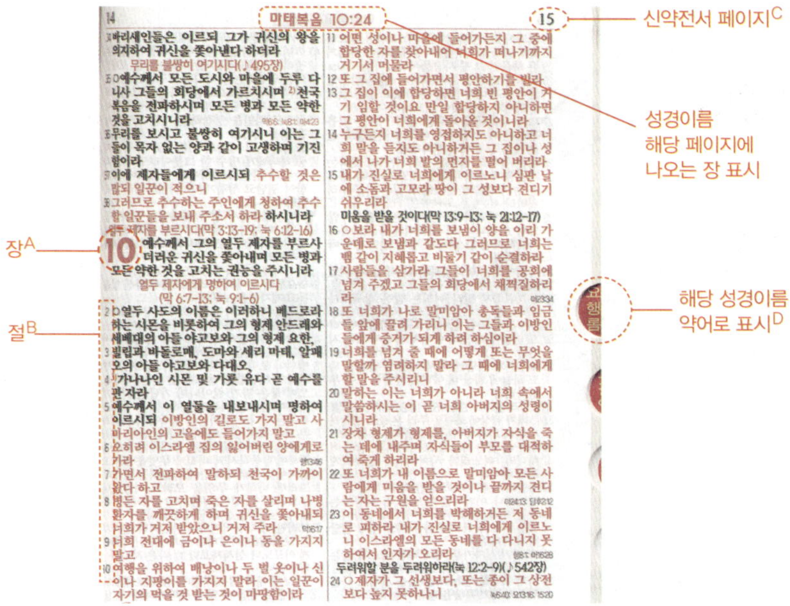

1. 먼저 신약인지 구약인지 파악합니다.
   구약이면 앞쪽, 신약이면 뒤쪽에서 찾으세요.
2. 약어표를 보고 책을 찾습니다 (D). 예) 마태복음 ⋯▸ 마 / 마가복음 ⋯▸ 막
3. 장을 찾습니다. (문단 앞 큼직한 숫자) (A)
4. 절을 찾습니다. (줄 앞 작은 숫자) (B)
   친절한 사회자라면 몇 페이지인지를 말해주겠죠? (C)

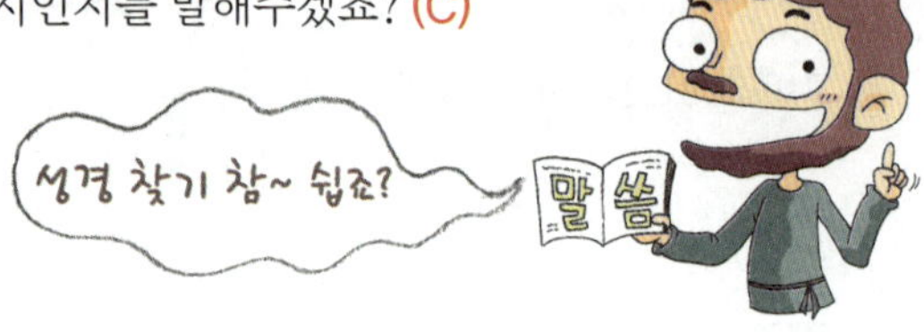

07 교회, 예수님의 몸

성경본문 에베소서 1:22-23 ; 사도행전 2:42-46 ; 고린도전서 3:16
중심구절 에베소서 1:22-23

교회에 대한 착각 보따리

고정관념을 깨봅시다! 교회는 건물이 아니라 사람입니다. Why?

교회는 주님의 몸

에베소서 1:22-23

22 또 만물을 그의 발 아래에 복종하게 하시고 그를 만물 위에 교회의 머리로 삼
으셨느니라

23 교회는 그의 몸이니 만물 안에서 만물을 충만하게 하시는 이의 충만함이니라

사도행전 2:42-46

42 그들이 사도의 가르침을 받아 서로 교제하고 떡을 떼며 오로지 기도하기를 힘
쓰니라

43 믿는 사람이 다 함께 있어 모든 물건을 서로 통용하고

44 또 재산과 소유를 팔아 각 사람의 필요를 따라 나눠 주며

45 날마다 마음을 같이하여 성전에 모이기를 힘쓰고 집에서 떡을 떼며 기쁨과 순
전한 마음으로 음식을 먹고

46 하나님을 찬미하며 또 온 백성에게 칭송을 받으니 주께서 구원 받는 사람을
날마다 더하게 하시니라

고린도전서 3:16 너희는 너희가 하나님의 성전인 것과 하나님의 성령이 너희 안에 계시는 것을 알지 못하느냐

1. 교회의 주인(머리)은 누구인가요?(엡 1:22)

2. 예수님께서 교회에 대해 사용하신 특별한 비유는 무엇인가요?(엡 1:23)

3. 바울은 '우리 자신'이 무엇이라고 말하나요?(고전 3:16)

3. 다음은 초대교회에서 볼 수 있는 교회의 5가지 특징입니다. 오늘날의 교회에서는 어떤 모습으로 나타나는지 연결해보세요.

초대교회의 특징	오늘날의 교회
kerygma 케리그마 말씀의 선포와 전도 •	• 수해복구, 불우이웃 돕기 등의 봉사
Didache 디다케 가르침과 훈련 •	• 이웃전도 말씀선포
Leiturgia 레투르기아 예배와 예전 •	• 제자양육 성경공부
Koinonia 코이노이아 친교와 교제 •	• 신령과 진정으로 드리는 예배와 성만찬과 세례
Diakonia 디아코니아 봉사와 섬김 •	• 함께하는 식사, 구역모임, 셀모임

"교회는 [   ] 다."

예수님의 이야기로 가득한 교회

“우글우글” 엄청난 사람들이 교회로 몰려오는 소리입니다. 무슨 일일까요?
“재미있는 프로그램 때문일 거야.” “잘생긴 오빠가 많아서일 거야”.
“선물을 많이 줘서 그럴 거야.”
하지만 이 방법, 저 방법 아무리 따라해봐도 소용이 없습니다.
왜냐하면 진짜 따라해야 하는 교회의 모습은 따로 있기 때문입니다.
바로 약 이천 년 전, 오순절 마가의 다락방 교회입니다.
예수님이 승천하신 후 제자들은 마가의 다락방에 모였습니다.
그리고 밤이 새는 줄도 모르고 정신없이 이야기하기 시작합니다.
예수님이 행하신 놀라운 일들, 십자가에 달리시고 부활하신 이야기….
그렇게 예수님이 약속하신 성령을 기다리며 기도하는데 갑자기 불의 혀같이 갈라지는 것이 보이더니 다락방의 사람들은 성령의 충만함을 받고,
각 나라의 방언으로 말하기 시작했습니다.
지켜보던 사람들 사이에서는 큰 소동이 일어났습니다.

과거에는 누가 더 높은지를 가지고 싸우기 일쑤였던 제자들이 달라졌습니다.
무식한 베드로가 유창한 설교자가 되고,
불 같은 성질의 요한이 사랑의 사도가 되고,
겁 많아서 도망가던 제자들이 담대하게 복음 전하는 사도들이 되었습니다!
이제 제자들은 오직 예수님 이야기만 합니다.

여기저기 그런 이야기들이 가득한 교회,
교회는 그런 곳이어야 합니다.
수많은 프로그램들, 풍성한 선물잔치,
다양한 문화행사가 아니라
예수님의 이야기로 가득한 곳 말입니다.

08 예배, 하나님을 기쁘시게

성경본문 요한복음 4:23-24 ; 에베소서 2:16-18 ; 시편 100:1-4
중심구절 요한복음 4:23-24

사탄이 훔쳐가는 것은?

영과 진리로 드리는 예배

요한복음 4:23-24

23 아버지께 참되게 예배하는 자들은 영과 진
리로 예배할 때가 오나니 곧 이 때라 아버
지께서는 자기에게 이렇게 예배하는 자들
을 찾으시느니라
24 하나님은 영이시니 예배하는 자가 영과 진
리로 예배할지니라

에베소서 2:16-18

16 또 십자가로 이 둘을 한 몸으로 하나님과
화목하게 하려 하심이라 원수 된 것을 십
자가로 소멸하시고
17 또 오셔서 먼 데 있는 너희에게 평안을 전
하시고 가까운 데 있는 자들에게 평안을
전하셨으니
18 이는 그로 말미암아 우리 둘이 한 성령 안에
서 아버지께 나아감을 얻게 하려 하심이라

시편 100:1-4

1 온 땅이여 여호와께 즐거운 찬송을 부를지어다
2 기쁨으로 여호와를 섬기며 노래하면서 그
의 앞에 나아갈지어다
3 여호와가 우리 하나님이신 줄 너희는 알지
어다 그는 우리를 지으신 이요 우리는 그
의 것이니 그의 백성이요 그의 기르시는
양이로다
4 감사함으로 그의 문에 들어가며 찬송함으
로 그의 궁정에 들어가서 그에게 감사하며
그의 이름을 송축할지어다

1. 예수님께서 우리에게 무엇으로 예배하라고 하셨나요?

• 요한복음

☐ 과 ☐☐

• 시편

☐☐ 과 ☐☐☐☐

2. 영과 진리로 예배한다는 것은 무엇일까요?

• 성령 안에서(in spirit)

____

• 진리 안에서(in truth)

____

____

3. 빈칸을 채워보세요.

남편만 5명이었고, 지금도 다른 사람과 살고 있던 사마리아 여인은 남자를 통해 만족을 얻으려고 했다. 그러나 참만족을 얻을 수가 없었다. 그녀는 영적으로 너무나 목말랐다. 그런 그녀 앞에 예수님께서 나타나셨다.

그분은 그녀를 [ ][ ][ ] 로 부르셨다.

4. 우리가 드리는 예배는 단순한 형식이 아니라, 우리의 마음을 담아야 합니다. 어떤 마음이 예배에 합당한 마음인가요?(시 100:1-2)

하나님이 우리에게 요청하시는 것은 '율법'이나 '일'이 아니랍니다.
그것은 하나님과 우리 사이의 '관계' 즉, '사랑의 만남'이지요.
우리가 드리는 예배란, 바로 하나님과 만나는 것이며 마주치는 일입니다.

소중한 예배, 어떻게 드려야 할까?

예배에는 예수님께 보다 가까이 나아갈 수 있도록 구성된 요소들이 있는데 그 특징을 잘 살릴 때, 더욱 은혜롭고 아름답게 예배드릴 수 있습니다. 예배의 구성요소에 대해 배워봅시다.

사도신경

사도신경은 '우리가 믿는 하나님을 고백하는' 시간입니다. 주님이 누구신지, 하나님이 어떤 분이신지, 우리의 믿음과 신앙을 분명히 고백하는 시간입니다.

말씀

선포되는 말씀은 하나님이 내게 다가오셔서 하나님의 일을 알려주시는 시간입니다.

찬송

하나님을 기쁘게 하고 영화롭게 하는 시간입니다. 찬송을 통해 내 영혼도 살아나게 됩니다.

기도

선포되는 말씀이 하나님이 내게 말씀하시는 시간이라면 기도는 내가 하나님께 말씀드리는 대화의 시간입니다.

봉헌

물질을 드림으로 내 마음과 삶을 드리겠다는 고백과 헌신의 시간입니다.

주기도문

주기도문은 예수님께서 직접 가르쳐주신 기도문입니다.

예배의 형식은 예배를 담는 그릇입니다. 이제부터 마음을 담아 드리는 예배를 시작해보는 것은 어떨까요?

날마다 말씀먹기

창세기	1	2	3	4	5	6	7	8	9	10	11	12	13	14	15	16	17	18	19	20	21	22	23	24	25
	26	27	28	29	30	31	32	33	34	35	36	37	38	39	40	41	42	43	44	45	46	47	48	49	50
출애굽기	1	2	3	4	5	6	7	8	9	10	11	12	13	14	15	16	17	18	19	20	21	22	23	24	25
	26	27	28	29	30	31	32	33	34	35	36	37	38	39	40										
레위기	1	2	3	4	5	6	7	8	9	10	11	12	13	14	15	16	17	18	19	20	21	22	23	24	25
	26	27																							
민수기	1	2	3	4	5	6	7	8	9	10	11	12	13	14	15	16	17	18	19	20	21	22	23	24	25
	26	27	28	29	30	31	32	33	34	35	36														
신명기	1	2	3	4	5	6	7	8	9	10	11	12	13	14	15	16	17	18	19	20	21	22	23	24	25
	26	27	28	29	30	31	32	33	34																
여호수아	1	2	3	4	5	6	7	8	9	10	11	12	13	14	15	16	17	18	19	20	21	22	23	24	
사사기	1	2	3	4	5	6	7	8	9	10	11	12	13	14	15	16	17	18	19	20	21				
룻기	1	2	3	4																					
사무엘상	1	2	3	4	5	6	7	8	9	10	11	12	13	14	15	16	17	18	19	20	21	22	23	24	25
	26	27	28	29	30	31																			
사무엘하	1	2	3	4	5	6	7	8	9	10	11	12	13	14	15	16	17	18	19	20	21	22	23	24	
열왕기상	1	2	3	4	5	6	7	8	9	10	11	12	13	14	15	16	17	18	19	20	21	22			
열왕기하	1	2	3	4	5	6	7	8	9	10	11	12	13	14	15	16	17	18	19	20	21	22	23	24	25
역대상	1	2	3	4	5	6	7	8	9	10	11	12	13	14	15	16	17	18	19	20	21	22	23	24	25
	26	27	28	29																					
역대하	1	2	3	4	5	6	7	8	9	10	11	12	13	14	15	16	17	18	19	20	21	22	23	24	25
	26	27	28	29	30	31	32	33	34	35	36														
에스라	1	2	3	4	5	6	7	8	9	10															
느헤미야	1	2	3	4	5	6	7	8	9	10	11	12	13												
에스더	1	2	3	4	5	6	7	8	9	10															
욥기	1	2	3	4	5	6	7	8	9	10	11	12	13	14	15	16	17	18	19	20	21	22	23	24	25
	26	27	28	29	30	31	32	33	34	35	36	37	38	39	40	41	42								
시편	1	2	3	4	5	6	7	8	9	10	11	12	13	14	15	16	17	18	19	20	21	22	23	24	25
	26	27	28	29	30	31	32	33	34	35	36	37	38	39	40	41	42	43	44	45	46	47	48	49	50
	51	52	53	54	55	56	57	58	59	60	61	62	63	64	65	66	67	68	69	70	71	72	73	74	75
	76	77	78	79	80	81	82	83	84	85	86	87	88	89	90	91	92	93	94	95	96	97	98	99	100
	101	102	103	104	105	106	107	108	109	110	111	112	113	114	115	116	117	118	119	120	121	122	123	124	125
	126	127	128	129	130	131	132	133	134	135	136	137	138	139	140	141	142	143	144	145	146	147	148	149	150
잠언	1	2	3	4	5	6	7	8	9	10	11	12	13	14	15	16	17	18	19	20	21	22	23	24	25
	26	27	28	29	30	31																			
전도서	1	2	3	4	5	6	7	8	9	10	11	12													
아가	1	2	3	4	5	6	7	8																	
이사야	1	2	3	4	5	6	7	8	9	10	11	12	13	14	15	16	17	18	19	20	21	22	23	24	25
	26	27	28	29	30	31	32	33	34	35	36	37	38	39	40	41	42	43	44	45	46	47	48	49	50
	51	52	53	54	55	56	57	58	59	60	61	62	63	64	65	66									
예레미야	1	2	3	4	5	6	7	8	9	10	11	12	13	14	15	16	17	18	19	20	21	22	23	24	25
	26	27	28	29	30	31	32	33	34	35	36	37	38	39	40	41	42	43	44	45	46	47	48	49	50
	51	52																							
예레미야애가	1	2	3	4	5																				
에스겔	1	2	3	4	5	6	7	8	9	10	11	12	13	14	15	16	17	18	19	20	21	22	23	24	25
	26	27	28	29	30	31	32	33	34	35	36	37	38	39	40	41	42	43	44	45	46	47	48		

다니엘	1	2	3	4	5	6	7	8	9	10	11	12													
호세아	1	2	3	4	5	6	7	8	9	10	11	12	13	14											
요엘	1	2	3																						
아모스	1	2	3	4	5	6	7	8	9																
오바댜	1																								
요나	1	2	3	4																					
미가	1	2	3	4	5	6	7																		
나훔	1	2	3																						
하박국	1	2	3																						
스바냐	1	2	3																						
학개	1	2																							
스가랴	1	2	3	4	5	6	7	8	9	10	11	12	13	14											
말라기	1	2	3	4																					

마태복음	1	2	3	4	5	6	7	8	9	10	11	12	13	14	15	16	17	18	19	20	21	22	23	24	25
	26	27	28																						
마가복음	1	2	3	4	5	6	7	8	9	10	11	12	13	14	15	16									
누가복음	1	2	3	4	5	6	7	8	9	10	11	12	13	14	15	16	17	18	19	20	21	22	23	24	
요한복음	1	2	3	4	5	6	7	8	9	10	11	12	13	14	15	16	17	18	19	20	21				
사도행전	1	2	3	4	5	6	7	8	9	10	11	12	13	14	15	16	17	18	19	20	21	22	23	24	25
	26	27	28																						
로마서	1	2	3	4	5	6	7	8	9	10	11	12	13	14	15	16									
고린도전서	1	2	3	4	5	6	7	8	9	10	11	12	13	14	15	16									
고린도후서	1	2	3	4	5	6	7	8	9	10	11	12	13												
갈라디아서	1	2	3	4	5	6																			
에베소서	1	2	3	4	5	6																			
빌립보서	1	2	3	4																					
골로새서	1	2	3	4																					
데살로니가전서	1	2	3	4	5																				
데살로니가후서	1	2	3																						
디모데전서	1	2	3	4	5	6																			
디모데후서	1	2	3	4																					
디도서	1	2	3																						
빌레몬서	1																								
히브리서	1	2	3	4	5	6	7	8	9	10	11	12	13												
야고보서	1	2	3	4	5																				
베드로전서	1	2	3	4	5																				
베드로후서	1	2	3																						
요한일서	1	2	3	4	5																				
요한이서	1																								
요한삼서	1																								
유다서	1																								
요한계시록	1	2	3	4	5	6	7	8	9	10	11	12	13	14	15	16	17	18	19	20	21	22			

토틴만의 특별한 커리큘럼

◆ 전체 구성

	제목	내용
	새 친구를 위한 복음의 핵심	교회에 처음 나온 새 친구들을 위한 교재로 신앙의 기초를 든든히 다지는 내용입니다.
	신구약을 꿰뚫는 한눈에 보는 성경	신구약 파노라마로 구약은 시대와 등장인물을, 신약은 예수님과 초대교회를 중심으로 한 내용입니다.
1권 (1-4월)	하나님 안에서의 나의 신분	하나님 안에서 나를 발견하고 새롭게 변화되기, 그리고 사순절과 부활절에 대해 배웁니다.
2권 (5-8월)	거듭남, 그 이후	성경의 인물들과 예수님의 비유를 통해 거듭난 자로서 어떻게 살아가야 하는지에 대해 배웁니다.
3권 (9-12월)	비유로 배우는 하나님 나라	비유를 통해 하나님 나라를 배우고 소망하는 삶, 청소년들의 고민과 올바른 세계관 확립, 성탄절의 참 의미를 회복하는 내용으로 구성됩니다.
4권 (1-4월)	나는 예배자	예배가 무엇이며 예배자로 부름받은 나에 대해 배우고, 요한복음을 중심으로 한 사순절과 부활 절기를 다룹니다.
5권 (5-8월)	그리스도인의 관계형성	가정과 친구관계에서 그리스도인으로서의 정체성을 가지며, 성경 속 믿음의 인물들에 대해 배우고 나의 삶에 적용해봅니다.
6권 (9-12월)	어려운 질문	그리스도인으로 갖게 되는 어려운 질문들을 함께 생각해보고, 후반부에는 대림절과 크리스마스를 위한 내용을 배웁니다.
7권 (1-4월)	하나님과 친밀함 누리기	일상생활에서 하나님과 친밀함을 누리는 영적 훈련에 대해 배우며, 약속을 성취하시는 예수님을 중심으로 사순절과 부활절의 의미를 배웁니다.
8권 (5-8월)	여호와의 리더십학교	온전한 크리스천 리더십으로 성장하기 위해 우리 마음을 아름답게 가꾸는 내용과 성경 속 다양한 리더십에 대해 배웁니다.
9권 (9-12월)	성숙한 교회 공동체	성경 속 다양한 교회 공동체에 대해 배우며 '빛'을 주제로 한 대림절과 성탄절, 그리고 영혼을 사랑하는 복음 전도에 대해 배웁니다.

◆ 기초튼튼 과정

새 친구를 위한 복음의 핵심

- 창조, 하나님이 하신 일
- 죄, 하나님을 슬프게 하는 일
- 예수님, 우리를 위한 선물
- 거듭남, 변화된 삶을 향해
- 성령, 도우시는 하나님
- 성경, 살아있는 생명의 말씀
- 교회, 예수님의 몸
- 예배, 하나님을 기쁘시게

신구약을 꿰뚫는 한눈에 보는 성경

구약이야기

- 창조와 타락 최초의 사람들
- 족장시대 약속을 받은 사람들
- 모세와 출애굽 약속의 땅을 향해
- 가나안 정복 젖과 꿀이 흐르는 땅
- 사사시대 시련과 실수
- 통일왕국시대 세 왕 이야기
- 분열왕국시대 하나님을 떠난 이스라엘
- 바벨론 유수와 포로 귀환 다시 세우는 이스라엘

신약이야기

- 예수님의 세 가지 사역
- 십자가와 부활, 승천
- 초대교회의 탄생
- 박해받는 초대교회
- 교회의 부흥과 베드로의 사역
- 안디옥 교회와 최초의 선교사
- 바울의 전도여행
- 로마로 향하는 바울

◆ 1권-3권

1권 하나님 안에서의 나의 신분

하나님 안에서의 나의 신분

- 나를 지으신 주님
- 사랑받는 나
- 나는 부족하더라도
- 하나님 아버지의 마음
- 나는 주님의 기쁨
- 축복의 통로
- 나는 주님의 성전
- 주의 전신갑주를 입고

-사순절과 기쁨의 50일-

- 아들을 보내신 하나님
- 사람으로 오신 예수님
- 죄인의 친구
- 선한 목자
- 십자가를 지심
- 살아나신 그리스도
- 마라나타
- 성령의 열매

2권 거듭남 그 이후

거듭남의 비밀

- 집중분석, 죄
- 진정한 회개
- 위대한 용서
- 하나님의 무한사랑
- 거듭남1. 제2의 인생
- 거듭남2. 거듭남의 축복
- 거듭남3. 성장의 비밀
- 거듭남4. 구원의 확신

그리스도인의 삶

- 예수님을 만난 후
- 주님만 높이는 삶
- 진정한 기쁨이란
- 서로 사랑하기
- 남을 향한 손가락
- 가장 어려운 일, 용서
- 선한 영향력을 미치는 삶
- 하늘에 속한 그리스도인

3권 비유로 배우는 하나님 나라

비유로 배우는 하나님 나라

- 소금과 빛
- 반석 위에 지은 집
- 선한 사마리아인
- 결실을 맺는 땅
- 포도원 품꾼
- 열 처녀 이야기
- 달란트 비유
- 양과 염소의 비유

청소년의 삶과 고민

- 스타에 열광하는 당신
- 따돌림도 죄가 되나요?
- 누가 좀 말려줘요!
- 그리스도인의 이성교제

-크리스마스 대림절과-

- 약속 그대로
- 성탄목의 의미
- 찬송을 넘어 기쁨으로
- 성탄예배 선물

◆ 4권-6권

4권 나는 예배자		5권 그리스도인의 관계형성		6권 어려운 질문	
나는 예배자	· 나는 예배자 · 춤추는 예배자 다윗 · 멈출 수 없는 예배 · 예배의 네 기둥 · 찬양과 예배 · 함께 드리는 기도 · 드림의 비밀 · 안식일의 주인	그리스도인의 관계형성	· 부모님 공경하기 · 싸우는 가정 · 깨어진 가정 · 믿지 않는 가정 · 다윗의 친구 요나단 · 중풍병자의 네 친구 · 우정의 황금률1. 선한 충고 · 우정의 황금률2. 섬김	기도베이직	· 기도 베이직 · 기도의 모범답안, 주기도문 · 어려울 때 드리는 기도 · 응답받는 믿음의 기도
				어려운 질문	· 응답받지 못하는 기도의 이유는? · 사탄은 정말로 있을까? · 지옥은 정말로 있을까? · 이단이 도대체 뭐야? · 중독, 어두운 그림자 · 내가 고통당할 때 하나님은 어디 계시는가? · 내가 믿음 때문에 손가락질 당할 때 하나님은 어디 계시는가? · 내가 죽고 싶을 때 하나님은 어디 계시는가?
사순절과 기쁨의 50일 II	· 향유를 부은 마리아 · 예루살렘으로 가는 길 · 마지막 설교, 한 알의 밀 · 고난과 영광의 길 · 부활하신 주님 · 디베랴 바닷가 · 감람산에서 · 마가의 다락방	믿음의 영웅들	· 믿음의 영웅들 · 순종하는 믿음, 노아 · 내려놓음의 축복, 아브라함 · 시련을 이기는 믿음, 요셉 · 인생을 바꾼 믿음, 라합 · 기적을 부르는 믿음, 바디매오 · 믿기 어려울 때 · 칭찬받는 믿음	대림절과 크리스마스 II	· 가브리엘의 방문 · 성령으로 기뻐한 사람들 · 베들레헴에 오신 왕 · 성탄예배 찬송하는 목자들

◆ 7권-9권

7권 하나님과 친밀함 누리기		8권 여호와의 리더십 학교		9권 성숙한 교회 공동체	
하나님과 친밀함 누리기	· 하나님의 우선순위 · 하나님은 나의 주? · 인생 나침판 · 친밀함으로 한걸음 말씀읽기 · 친밀함으로 한걸음 말씀처럼 · 친밀함으로 한걸음 거룩하게 · 성령님과 함께 걸어요 · 주님 다시 오실때까지	내면의 삶 가꾸기	· 걱정거리 · 열등감 · 탐욕 · 분노 · 강요 · 위선 · 영적 실패 · 경시	성숙한 교회 공동체	· 그리스도의 몸된 교회 · 하나의 교회 · 한몸된 지체를 사랑하는 교회 · 예배공동체 · 품어주고 회복시키는 교회 · 부스러기 절대사절 · 선교하는 공동체 · 뜨겁든지 차갑든지
사순절과 기쁨의 50일 III	· 약속 · 약속으로의 초대 · 거절당한 예수님 · 마지막 수업 · 흔들 수 없는 결심 · 가상칠언 · 부활의 증인되기 · 성령받은 후에	여호와의 리더십 학교	· 희생과 섬김 · 사람 끌어안기 · 하나님께 묻는 리더 · 모세의 링커십 · 여호수아의 팔로어십 · 반면교사 솔로몬 · 느헤미야 프로젝트 · 리더 임명식	전도	· 주님의 부르심 · 나의 프로필 · 잃어버린 한 영혼 · 나만의 전도스타일
				대림절과 크리스마스 III	· 공의의 빛 · 기이한 빛 · 세상의 빛 · 성탄예배 빛의 축제

토틴시리즈 : 새 친구를 위한 복음의 핵심

초판발행	2011년 11월 15일
7쇄발행	2016년 4월 15일
2판 4쇄	2025년 4월 5일

지은이	토기장이 교재연구팀
일러스트	김미용
대표	조애신
책임편집	김정민, 조미래
편집	이소연
디자인	지은주, 임은미
마케팅	전필영
경영지원	전두표

발행처	도서출판 토기장이
주소	서울시 마포구 동교로 71-1 2F
출판등록	1998년 5월 29일 제1998-000070호
전화	02-3143-0400
팩스	0505-300-0646
이메일	tletter77@naver.com
인스타그램	togijangi_books_

ISBN 978-89-7782-235-1

도서출판 토기장이는 생명 있는 책만 만듭니다.
"우리는 진흙이요 주는 토기장이시니 우리는 다 주의 손으로 지으신 것이니이다" (이사야 64:8)